AF268176

LA COMPTABILITÉ

DES

FINANCES PUBLIQUES

CONFÉRENCE

Faite par M. LÉON SAY

A NERVILLE

LE 24 OCTOBRE 1869.

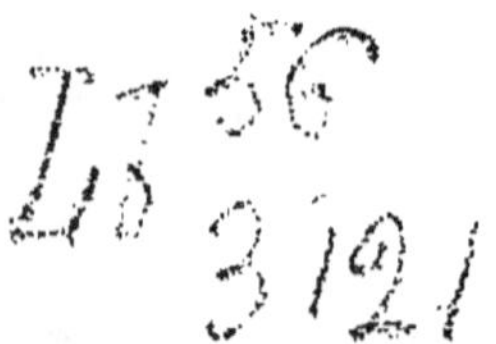

PARIS

IMPRIMERIE CENTRALE DES CHEMINS DE FER

A. CHAIX ET Cie

RUE BERGÈRE, 20, PRÈS DU BOULEVARD MONTMARTRE

1869

LA COMPTABILITÉ

DES

FINANCES PUBLIQUES

CONFÉRENCE

Faite par M. LÉON SAY, à Nerville.

Il faut passablement de hardiesse pour parler en public de comptabilité et particulièrement de comptabilité publique.

Il semble difficile, en effet, d'attirer la foule en affichant un titre aussi peu fait pour éblouir, et il est pour ainsi dire impossible de retenir cette foule, si l'on a eu le bonheur de l'attirer, en l'entretenant de matières si peu faites pour charmer.

La comptabilité est pour beaucoup de gens une sorte d'algèbre et de casse-tête, c'est l'ennui sous forme de chiffres, telle est l'opinion le plus généralement répandue.

Je voudrais vous faire revenir sur cette opinion commune, et vous prouver que la comptabilité et surtout la comptabilité publique est loin d'être stérile, qu'elle permet à l'imagination de s'ouvrir, parfois même de s'égarer. C'est une science, et et une science après tout assez facile, qui élargit les idées au lieu de les rétrécir ; c'est une méthode qui nous permet de faire tenir à la fois dans notre petite cervelle, pour notre utilité et pour notre agrément, une foule de notions intéressantes. Il est certain qu'elle parle de chiffres ; qu'elle dépend des nombres et des quantités, mais elle en dégage des conséquences souvent inattendues et fait sortir la lumière de leur chaos. C'est un moyen de nous rendre compte des recettes et des dépenses de l'Etat et, en nous en rendant compte, de les justifier ou de les condamner. Il ne faut pas croire que la comptabilité ne consiste qu'à ouvrir un compte simple dans lequel on écrit à la suite tout ce qui entre dans les caisses du Trésor et tout ce qui en sort. Non, c'est quelque chose de plus raffiné ; on prend les recettes une à une, on les classe, on les sépare les unes des autres ; on en recherche l'origine pour les appliquer comme il le faut : celles-ci à tel budget et celles-là à tel autre. On groupe les dépenses, on les réunit par nature, on en fait des tableaux, on les impute à tel ou tel chapitre. Mais ce qui est le propre de la comptabilité c'est de créer des personnages fictifs, personnages auxquels on rapporte telle partie des recettes et telle partie des dépenses, qui se meuvent, qui vivent, et qui meurent, qui vivent avec un grand éclat pendant une année entière et sont confinés après cette année d'éclat dans une sorte de retraite qui dure huit mois pour terminer les entreprises qu'ils n'ont pas pu mener à bonne fin pendant leur vie. Ces êtres fictifs s'appellent Budgets. Le budget est bien réellement une création ; c'est une personnalité qui a une existence de trois années. On lui ouvre un compte dans les écritures du Trésor, comme ferait un banquier pour un de ses clients. La première année se passe à déterminer la fortune du personnage. On peut dire que c'est son enfance, sa minorité ; on constate ses droits ; on fait le compte des impôts dont les lois ont autorisé à son profit le recouvrement pendant l'année dont il portera le nom ; on établit les rôles, on fait de chaque contribuable comme un débiteur particulier du personnage en question. Quand il entre en fonctions, au 1er janvier, il a une fortune parfaitement assise, très-claire et très-nette ; il aura au crédit de son compte tous les encaissements que le Trésor fera sur les droits qu'on a constatés à son profit. Seulement, à côté de ces avantages, il aura ses charges. C'est sur sa fortune qu'on acquittera toutes les dépenses votées pour cette année-là par les Chambres ; il sera obligé de prendre à son compte tout ce que le Corps législatif votera en dépenses pour l'exercice. Lorsqu'il aura franchi les douze mois de cet exercice, et que la dernière heure de sa vie d'affaires aura sonné, il cédera la place à un autre budget, personnage dont on a préparé la fortune comme on avait fait pour lui-même, mais, tout retiré des affaires qu'il sera, il devra encore liquider bien des choses. Tous ses créanciers ne l'ont pas encore payé ; tous ses fournisseurs n'ont pas présenté leurs mémoires. C'est une liquidation qui dure huit mois.

Prenez le budget de 1870, par exemple, il est né à la fin de 1868, quand les ministres ont établi les premiers éléments de ses ressources et de ses dépenses ; il a été discuté au commencement de 1869 dans le Corps législatif ; il entrera en opération au 1er janvier 1870 et terminera sa carrière active au 31 décembre, mais jusqu'au mois d'août 1871, il sera en liquidation ; des recettes pourront être encaissées à son profit et des dépenses portées au débit de son compte.

Il y a donc toujours trois budgets en train : un budget qui se prépare, un budget qui fonctionne et un budget qui se liquide. C'est comme une famille composée du grand-père, du père et du fils. Le grand-père retiré des affaires, achève sa liquidation ; le père est en plein exercice de sa profession et le fils se prépare à succéder à son père, dans les affaires.

Cette conception comptable, cette sorte de création d'une série de personnalités apporte une très-grande clarté dans les opérations. Celui qui veut connaître la situation des impôts et des dépenses n'a qu'à s'occuper du compte courant du personnage qu'on appelle le Budget. Les recouvrements de fonds du Trésor, les avances et les émissions de bons nécessaires pour faire face aux paiements; tout cela est en dehors; c'est l'affaire de la maison de banque, dont les budgets sont les clients et qu'on appelle le Trésor. On peut s'isoler pour ainsi dire dans l'étude de la vie d'un homme et voir ce que cet homme, qu est l'État, c'est-à-dire nous-mêmes, a fait de ses re venus pendant une année qu'il les a eus à sa disposition. A côté de ces avantages, la comptabilité entendue de cette façon a bien des inconvénients; je ne veux pas vous les dissimuler et j'aurai à vous en entretenir tout à l'heure.

Ces personnages, les Budgets, quand ils ont atteint leur terme fatal, c'est-à-dire le 1er août qui vient après l'année pendant laquelle ils ont été en exercice, sont emmagasinés dans les comptes à la façon des momies des grands prêtres dans les temples égyptiens.

On raconte en effet que, dans certains temples de l'Egypte, on a découvert de vastes salles, tout à l'entour desquelles on a trouvé assises sur des siéges de porphyre les momies de tous les grands prêtres qui avaient exercé le pontificat suprême dans le temple. Ils sont là représentant la série des âges, et marqués du signe qui caractérisait leur époque.

Le gros livre bleu qui est intitulé « Compte général des finances » contient, comme une collection de momies de ce genre, c'est la suite des Budgets depuis un grand nombre d'années. Les uns ont dépensé moins que leurs revenus ; c'est le petit nombre ; d'autres ont dépensé tout juste ce qui leur appartenait, c'est encore un bien petit nombre, les autres ont dépensé plus qu'ils n'ont possédé, c'est la grande masse. Ils ont dépensé beaucoup plus qu'ils n'avaient et ils doivent même encore le surplus ; ils doivent à ce commode banquier dont je vous ai parlé tout à l'heure et qui s'appelle le Trésor public.

De 1814 à 1829, il y a eu 16 budgets et les 16 budgets n'ont dépensé entre eux tous que 20 millions de plus qu'ils ne possédaient.

C'était l'époque des petits budgets, des budgets bourgeois. De temps à autre, ils atteignaient le milliard, c'était quand il fallait liquider quelque grosse aventure du passé ; car l'invasion qui a suivi l'Empire a coûté cher. Mais le plus souvent ils se maintenaient dans les 950 à 975 millions. Les honnêtes budgets de cette première période du gouvernement parlementaire n'avaient guère que 950 à 980 millions à dépenser par an.

A partir de 1830, la scène change un peu ; le dernier budget qui ait été au-dessous d'un milliard est celui de 1827. Celui de 1828 dépasse le milliard de 28 millions ; celui de 1829 le dépasse de

22 millions. A ce moment on a pu le dire ; saluons le milliard nous ne le reverrons plus ; les dépenses montent ; c'est un flot. Les budgets maigres ont fait leur temps ; ils font piteuse figure dans la collection, voilà la série des budgets gras qui commence. En 1840 on dépasse 1,200 millions. Saluons-les ces 1,200 millions ; on ne les reverra pas non plus ; on approche du milliard et demi, on est en 1845 et en 1846 on le passe ; on touche aux 1,600 millions. C'est à cette hauteur que la révolution de 1848 trouve le budget. Depuis lors, nous avons déjà mis bien des budgets dans la salle des momies ; un budget par an, cela va vite. Il y a dans cette réunion bien des hommes jeunes ; ils ont enterré déjà un grand nombre de budgets. Quand on est au milieu de la vie, alors qu'on arrive au sommet de la petite montagne que chacun de nous a la mission de gravir lentement, pour la descendre avec vitesse, il semble que le nombre des budgets qu'on conduit à leur dernière demeure s'augmente avec rapidité. On n'en peut pas croire ses yeux ni ses souvenirs. A combien de millions n'a-t-on pas survécu ?

Depuis que je suis né, les budgets ont dévoré 67 milliards de francs. Mais aussi, c'est que les budgets ont cessé d'être aussi maigres qu'ils l'étaient avant 1830. Le milliard et demi de 1847 est déjà loin de nous. On dirait aujourd'hui, quand on contemple ces budgets lointains, qu'on les regarde par le gros bout de la lorgnette. Ils semblent petits et plats : ce sont des nains.

En 1854 on approche de 2 milliards; encore une borne dépassée sur la route où les budgets font leur course rapide : on ne revoit jamais une borne après qu'on l'a franchie. Les 2 milliards sont devenus la monnaie de nos budgets modernes. Ce sont les plus beaux budgets du monde ; ils flottent entre 2 milliards 100 millions et 2 milliards 200 millions, comme, de 1829 à 1839, ils flottaient entre un milliard 100 millions et un milliard 200 millions de francs. Voilà le progrès du temps.

On croirait qu'on assiste à l'histoire d'une de ces familles comme il y en a tant de nos jours, dont les pères dépensaient une somme modeste en vivant à la campagne, dont les fils devenus habitants de la ville ont commencé à mener un train de vie un peu plus mondain, et dont les petits-fils forment aujourd'hui le bataillon de la jeunesse dorée, jetant aux quatre vents les écus trouvés dans le vieux coffre-fort de leurs pères. Ils rencontrent de temps à autre au fond d'un sac un vieil écu de six francs. Vite à la fonte ; les vieux écus d'argent contiennent de l'or. C'est ainsi qu'on envoie à la monnaie comme les vieux os de ses pères.

Oui, la famille des budgets est l'image de bien d'autres familles françaises ; c'est le train des choses depuis tantôt cinquante ans ; on court tandis que les pères marchaient. De quel pas iront nos fils à leur tour ? Ne tomberont-ils pas dans quelque fossé? Quand on est pessimiste on s'en afflige, mais le monde est peuplé d'optimistes ; c'est ce qui fait qu'on n'entend pas les gémissements des vieillards. La France, dit-on, n'a pas vécu jusqu'ici pour s'effondrer un beau jour ; et si nous avons renié les usages de nos pères, nos enfants peuvent bien à leur tour renier nos usages. Ils dépensent plus que nous, cela est vrai, mais ils travaillent beaucoup plus. Nous fabriquions pour quelques centaines de millions de marchandises, ils en fabriquent aujourd'hui pour des milliards. Ils gagnent plus d'argent et se donnent plus de bon temps, quoi de plus naturel ! Nous avions de quoi nourrir un âne ; ils ont de quoi nourrir un cheval. Nous avions de quoi alimenter un petit budget, ils ont de quoi en alimenter un gros. A chacun selon ses moyens. Quand on peut se donner le luxe des gros budgets, il est bien naturel qu'on se le donne.

Je ne voudrais pas m'ériger en censeur de mes contemporains, car il y a peut-être du vrai dans le discours que je viens de prêter aux optimistes. La France, qui est l'enfant gâté de 40 millions de Français, est plus riche aujourd'hui qu'elle ne l'était il y a trente ans, cela est bien certain, mais elle est comme ces enfants de certains riches; elle sait trop qu'il y a des trésors à sa disposition; elle le sait trop, parce qu'on le lui dit trop. A force de se laisser dire qu'elle a des ressources inépuisables, elle perd l'habitude de compter. Les contribuables sont ses amis et elle suit trop à la lettre le proverbe qui dit qu'on ne compte pas avec ses amis.

Puisque la comptabilité, agissant comme la poésie, a créé des êtres qui ont pour ainsi dire vécu, ne quittons pas encore ces personnages, les vieux Budgets, sans les interroger sur la manière dont ils ont passé leur vie. Nous avons là, sous les yeux, 54 statues de Budgets, depuis celle de 1814 jusqu'à celle de 1867, sur les piédestaux desquels la comptabilité a tracé, comme dans une inscription, les principaux actes de leur vie.

Nous avons déjà dit que les seize premiers budgets, de 1814 à 1829, avaient ensemble dépensé 20 millions de plus qu'ils ne possédaient. A eux seize, ils ont reçu comme dot un peu moins de 16 milliards de francs; ce n'est pas en moyenne 1 milliard par tête.

De 1830 à 1847, les dix-huit budgets qui ont occupé la scène, ont eu 23 milliards à dépenser entre eux, et ils en ont dépensé 24; ce qui fait 1 milliard de plus qu'ils n'avaient. Chacun d'eux avait donc, en moyenne, reçu un peu plus de 1,200 millions à dépenser par an, mais encore dans cette somme faut-il comprendre des emprunts; les dix-huit budgets en question ont emprunté 600 millions, et, malgré ce supplément, ils sont restés au-dessous de leurs affaires de 1 milliard ou de 1,000 millions.

De 1848 à 1867, nous avons vingt budgets ; ceux-là sont les plus gros du monde. Ils ont eu ensemble 37 milliards et demi à dépenser, ce qui fait pour chacun d'eux, en moyenne, une part assez ronde de 1850 millions, et cependant ils n'ont pas su se renfermer dans la limite de leurs revenus, et, comme la série des budgets qui les a précédés, ils l'ont dépassée encore de 1 milliard ; et encore n'ont-ils eu cette modération, de ne dépasser leurs ressources que de 1 milliard, qu'après avoir emprunté 2 milliards et demi de francs. De sorte qu'ils ont eu à dépenser 35 milliards de francs, qui formaient leurs revenus, qu'ils y ont ajouté 2 milliards et demi qu'ils ont empruntés, et qu'avec tant d'argent dans la main ils sont néanmoins restés au-dessous de leurs affaires et sont morts insolvables, devant encore, à l'heure qu'il est, un milliard de francs au Trésor public. Il faut néanmoins, pour rendre justice à qui la mérite, dire qu'ils n'ont pas eu tous le même appétit ; il y en a 10 qui ont vécu sans emprunter ; c'est la moitié, car je ne compte pas comme des emprunts quelques petites sommes restant à verser des emprunts anté-rieurs, et qui sont venues alimenter pour quelques milliers de francs les budgets des années 1861, 1862, 1863, 1865 et 1866. Mais ce qui est le plus triste, c'est que trois budgets seulement, sur les vingt, se sont maintenus dans les limites de leurs ressources, et encore, parmi ces trois, rencontre-t-on le budget de 1855, qui n'a eu trop d'argent que parce qu'il a emprunté 1 milliard de francs en offrant des rentes à la souscription publique lors de la guerre de Crimée : les deux autres budgets qui ont fini par liquider avec un excédant leur situation définitive, sont ceux de 1858 et de 1865.

Il faut ajouter, pour être exact, c'est-à-dire pour n'être pas trop indulgent, que les revenus allaient toujours en grossissant, et qu'il est plus facile de faire une économie de 20 millions sur 2 milliards 200 millions que sur 1 milliard et demi de francs.

Parmi ces droits qu'on reconnaît avant leur naissance aux budgets, il en est un dont le produit va toujours en augmentant et d'une façon bien extraordinaire : c'est le produit de l'impôt du tabac. Tous les fumeurs doivent payer la taxe au budget et ils sont inscrits comme les débiteurs particuliers du personnage à gros appétit auquel la comptabilité donne une figure et comme une existence tous les ans. Le budget est doté d'un grand bureau de tabac ; d'un bureau de tabac monstre, d'un bureau de tabac d'où sortent toutes les pipes et tous les cigares, et où va tout l'argent des fumeurs.

Ce grand bureau de tabac valait à M. le budget de 1848 la belle redevance de 116 millions de francs et quoique ce fût un bien joli denier, cette redevance devait croître avec rapidité.

Le budget de 1854 en retirait un profit de 145 millions: cela faisait en six ans 29 millions de plus.

Le budget de 1861 y trouvait un revenu de plus de 200 millions, et enfin le budget de 1864 en obtenait, au bout de seize ans, deux fois plus de millions que le budget de 1848; c'est-à-dire 233 millions au lieu de 116.

Enfin en 1867, le produit des tabacs est entré dans les ressources du budget pour 247 millions et demi de francs.

On se demande quelquefois s'il n'eût pas été possible de forcer les budgets à se contenter de ce qui faisait la subsistance de leurs prédécesseurs. Si les budgets ne s'étaient pas laissé entrainer à dévorer tant de millions en plus, les contribuables n'auraient-ils pas un sort meilleur?

Pour ne remonter, par exemple, que jusqu'en 1851, si les seize budgets que nous avons vus à l'œuvre depuis, s'étaient contentés des 1,460 millions dont le budget de 1851 avait été doté, ils auraient dépensé 23 milliards 400 millions au lieu de 33 milliards et 100 millions, et les contribuables auraient conservé dans leurs tiroirs et dans leurs caisses la somme énorme de 10 milliards de francs.

Pour ne parler que des droits d'enregistrement et de timbre, le budget de 1851 a encaissé par cet impôt 235 millions de francs. Si cette dotation n'avait pas été augmentée et si les budgets suivants, de 1851 à 1867, s'étaient contentés de 235 millions, on aurait pu réduire de moitié le tarif de l'enregistrement, car ce n'est pas 235 c'est 440 millions que ce tarif produit aujourd'hui.

Mais l'entraînement a été si grand, qu'avec le revenu, le besoin des dépenses s'est accru. On avait plus d'argent à recevoir, mais on avait encore plus d'argent à dépenser. Il est si facile de ne pas compter !

On prétend que Lamartine, le grand poëte, a dit un jour que pour lui la fortune était comme un tonneau plein d'or dans lequel on puisait toujours sans jamais en faire baisser le niveau.

C'est bien là l'image de la richesse, telle qu'elle doit être imprimée dans la cervelle des budgets. Ils se sentent gens de haute fortune et pour eux la fortune consiste à puiser sans cesse dans le grand tonneau d'or de la France.

Je vous ai montré comment la comptabilité simplifiait l'étude des finances par ces créations d'êtres fictifs dont on n'a plus qu'à suivre les mouvements, comme on ferait pour un simple particulier. L'étude des comptes publics devient pour ainsi dire la biographie et l'histoire d'un personnage riche. Malheureusement on ne s'en est pas tenu là et, trouvant que l'intervention de ces êtres fictifs répandait une certaine clarté sur la situation, on en a imaginé un plus grand nombre. A côté du premier et vieux personnage que nous connaissons, qui est le budget avec sa dotation composée des impôts que nous payons, et sa dépense appliquée à satisfaire plus ou moins nos besoins légitimes; on a créé un personnage secondaire appelé le budget extraordinaire qui, pour se faire une dot, prend une partie de la fortune de l'autre budget.

Le premier budget est considéré comme une sorte de bourgeois. Il a des revenus qu'on lui a constitués et dans la limite desquels il doit se maintenir absolument. Il a même l'obligation étroite de faire des économies, afin que ses économies constituent un premier fonds, une première base pour la fortune de son compagnon qui s'appelle le budget extraordinaire.

Le budget ordinaire doit avoir les yeux sur son livre de recettes, afin de ne pas s'écarter, dans les dépenses, des règles de la plus stricte économie.

Le budget extraordinaire a sa vie fondée sur des principes tout différents. Ce n'est plus un particulier vivant de ses revenus; c'est un industriel faisant de belles affaires.

Ses dépenses ne sont point des dépenses dans l'acception ordinaire du mot; ce sont des placements. Un point de vue si nouveau doit avoir des conséquences très-larges; ce n'est plus du côté de la recette qu'il faut regarder, c'est du côté de la dépense. Il ne s'agit plus de compter la quantité de millions qui entrent dans la caisse, mais la quantité de placements heureux qu'il est possible d'imaginer.

Les deux budgets vivent côte à côte comme un rentier retiré des affaires à côté d'un banquier que le mouvement entraîne. Le premier regarde à ce qui sort de sa poche; et il considère toute dépense comme un malheur ou du moins comme un inconvénient. Le second s'inquiète au contraire de voir que son argent ne travaille point assez, et il considère les occasions de dépenses comme des occasions d'augmenter sa fortune, comme le point de départ d'une ère de prospérité.

Le budget extraordinaire, après qu'il a combiné les placements les plus utiles, s'empresse de chercher les moyens de réaliser ses opérations.

Il y emploie d'abord les économies de son parent le rentier, et pour y arriver il lui persuade de rogner sur le nécessaire et de vivre du moins qu'il pourra. Pour le reste il emprunte et il emprunte sans regrets. Emprunter à 4 0/0 pour placer à 10, emprunter à perpétuité à un taux d'intérêt assez bas pour placer également à perpétuité à un taux d'intérêt plus élevé, c'est l'*a b c* du métier de banquier, et le budget extraordinaire est le plus grand banquier du monde.

Ces placements, vous savez bien ce que c'est; c'est une route, c'est un port; c'est quelquefois une caserne de gendarmerie ou un hôtel de préfecture ou un opéra. Rien n'est plus aisé, par exemple, que de justifier un placement de 8 ou 10 millions dans la construction d'un bassin à flot ou d'une jetée en béton pourvu qu'il s'agisse d'un port dans lequel le mouvement des navires est important. On économisera 8 ou 900,000 francs consacrés jadis à éclairer une mauvaise entrée, à y faire un service de remorquage difficile, et les armateurs exonérés de tous les frais des anciennes manœuvres seront contents de payer à la place l'intérêt d'un capital de 8 à 10 millions; c'est beaucoup moins lourd pour eux. On a fait comme cela le port de Marseille; on fait aujourd'hui celui de Biarritz; l'avenir dira si les calculs ont été justes.

Le budget extraordinaire a en un mot pour fonction d'achever l'outillage de la France. Il est créé tout exprès pour faire des affaires et même de très-grandes affaires.

Vous pouvez voir tout de suite combien la conception de ce nouveau personnage donne un aspect différent à tous ces vieux budgets dont nous avons parlé tout à l'heure.

En les considérant comme nous l'avons fait jusqu'à présent, nous voyons le budget de 1862 par exemple en déficit de 35 millions; celui de 1863 en déficit de 22 millions et celui de 1864 en déficit de 52 millions.

En les dédoublant au contraire en ordinaire et en extraordinaire, le spectacle change et au lieu des momies ruinées de 1862 à 1864, nous avons une suite de personnages resplendissants et tout gonflés d'orgueil pour la sagesse avec laquelle ils ont administré leur fortune. Ils sont en effet en excédant, car les dépenses qui les mettaient en déficit sont portées en compte au budget extraordinaire; c'est 119 millions de moins pour le budget ordinaire de 1862, 102 millions de moins pour celles du budget ordinaire de 1863 et 85 millions 1/2 de moins pour le budget ordinaire de 1864. Cela débarrasse une fortune d'un fardeau bien encombrant que de l'exonérer d'une dépense de 100 millions de francs.

Aussi le budget de 1867 a-t-il été réglé avec 1,692 millions de recette et 1,539 millions de dépense. Loin d'avoir un déficit, comme c'était pour ainsi dire l'usage depuis tant d'années, il atteint la fin de sa carrière avec une économie de 153 millions.

Le budget de 1868 est venu au monde avec une fortune de 1748 millions, et on lui a imposé des dépenses pour 1612 millions seulement; c'est 136 millions d'excédant.

Voilà un expédient de comptabilité, un tour d'imagination qui change bien le point de vue; au lieu d'avoir devant les yeux le pénible spectacle de personnages besogneux, on voit la fortune publique représentée par les gens le plus à leur aise du monde. De là à conclure que l'administration des finances de l'Etat est parfaite, il n'y a qu'un pas à faire, et ce pas c'est la comptabilité qui conduit à le faire. Dira-t-on encore que la comptabilité est une science stérile, et ne voyez-vous pas d'ici qu'elle impose à l'esprit des efforts bien extraordinaires, qu'elle n'est même pas absolument innocente d'hallucinations dont on parle quelquefois, et qui font prendre certaines vessies pour des lanternes bien allumées?

C'est qu'il ne faut pas oublier, comme on le fait trop souvent, de regarder à côté du personnage bien habillé qu'on appelle le budget ordinaire, le matador vêtu à l'espagnole et en veste à effet qu'on appelle le budget extraordinaire.

Oui, le premier, le bon budget ordinaire a fait 136 ou 150 millions d'économies; mais il les a placées dans les actions de la compagnie des brouillards du sud, que son ami *l'extraordinaire* a bien voulu fonder pour employer ses écus. Ce n'est pas tout encore; car en sus de son argent, le bon budget ordinaire a donné sa signature, et, cette signature, *l'extraordinaire* l'a négociée sous forme de rentes qu'il a mises en souscription publique afin d'achever de constituer son capital.

Rien n'est ruineux comme le bon marché, disent quelquefois les ménagères ; rien n'est ruineux comme les bonnes affaires que nous font faire les budgets extraordinaires. Qu'il y ait des travaux publics à entreprendre, cela est évident, mais la question est de savoir s'il n'est pas mauvais d'en faire trop.

Avec le système des budgets extraordinaires, qui cache à tous les yeux la vraie situation des choses, ce à quoi l'on vise, c'est évidemment à faire trop ; cela s'appelle faire *grand*, et faire *grand* chatouille agréablement l'orgueil du pays.

La comptabilité est une bonne chose, quand elle divise les opérations pour en mieux faire comprendre la suite ; mais c'est un art terriblement dangereux quand elle divise les opérations pour en soustraire une partie à l'œil du maître : l'œil du maître, vous savez bien ce que j'entends par là, c'est l'œil du contribuable, de celui qui paye, qui paye toujours et qui paye *grand* quand on fait *grand*. Or, si cela chatouille l'esprit des populations de voir que l'administration fait *grand*, cela ne leur sourit que fort médiocrement de payer *grand*. Payer *petit* ferait bien mieux leur affaire. On pourrait parodier la fable de Lafontaine que vous connaissez.

> Un jour, un coq détourna
> Une perle qu'il donna

Au beau premier lapidaire.
Je la crois fine, dit-il,
Mais le moindre grain de mil
Ferait bien mieux mon affaire.

Ne croyez-vous pas qu'on pourrait y faire un pendant ?

Jean vit un jour l'Opéra,
Et la bâtisse admira
En allant chez son notaire.
« Il est digne de la France,
Mais moins de droit de quittance
Ferait bien mieux mon affaire. »

Il ne faut pas croire pourtant que je vous aie dévoilé toutes les ressources de la comptabilité. C'est une fée à laquelle il n'est rien d'impossible, et je veux vous montrer jusqu'où son savoir-faire peut au besoin nous faire aller.

Vous vous rappelez que je vous ai montré la suite de nos budgets dotés à leur naissance d'une foule de droits qui sont à exercer contre nous-mêmes ; je vous ai dit comment on leur donnait en étrennes, au premier jour de l'année, la clef de nos tiroirs.

Je vous ai dit aussi qu'ils passaient une année à vivre de nous, en dépensant plus ou moins à notre profit, ce que nous leur mettions dans les mains.

Ils se retirent ensuite pendant huit mois dans les recoins obscurs d'un gros livre bleu, pour y liquider et la rentrée de leurs droits et l'acquittement de leurs dépenses.

Tout est fini au 31 août. Leur sort est connu, et le plus souvent ce sort est d'avoir dépensé plus d'argent qu'ils n'en ont reçu. Ils meurent endettés, sans avoir soldé, le jour où la cour des comptes les enterre avec solennité, le compte de leur banquier qui est le Trésor.

C'est une créance qui reste dans les balances du Trésor, et le Trésor garde le billet de ce pauvre mort comme s'il valait quelque chose. Ah! le bon billet qu'a la Châtre, ce doit être le dernier mot du budget mourant s'il pense à ce moment suprème aux balances du Trésor.

La réunion de toutes ces sommes laissées en arrière, de ces déficits antérieurs montait à 1 milliard et demi de francs pour les 38 budgets qui se sont succédé de 1814 à 1851. On y a appliqué des ressources extraordinaires qu'on a détournées de l'amortissement ou qu'on a empruntées dans ce but jusqu'à concurrence de 860 millions, de sorte qu'à l'heure qu'il est les vieux budgets doivent encore 655 millions et demi à leur banquier, c'est-à-dire au Trésor, c'est-à-dire à nous-mêmes. Depuis 1851 on a fait des emprunts pour couvrir la plus grande partie des déficits, et le compte ne s'est accru que d'une trentaine de millions. Aujourd'hui c'est à 700 millions qu'on liquide la somme que les budgets ont dépensée en plus de ce qu'ils pouvaient. Ces millions ils les doivent, mais ils ne les paieron jamais.

En attendant il a bien fallu faire les fonds et ces fonds, qui ont servi à combler provisoirement le déficit et qu'on renouvelle sans cesse, composent c qu'on appelle la dette flottante du Trésor. Il y d'abord pour 160 millions de bons du Trésor, c sont des lettres de change qui sont payées à l'échéance avec de l'argent qu'on se procure au moye de la négociation de nouvelles traites. Les bon du Trésor ne sont pas autre chose que des billet qu'on renouvelle indéfiniment.

Il y a aussi 238 millions apportés sous par sou par la population pauvre dans les Caisses d'épargne les Caisses d'épargne donnent ce qu'elles reçoiven à la Caisse des dépôts et consignations, et la Caiss des dépôts verse à son tour dans les coffres d Trésor une grande partie des fonds qu'elle reçoit

Savez-vous que c'est une somme énorme qu celle dont les Caisses d'épargne ont le dépôt; c'es une somme qui ne monte pas à moins de 617 mil lions. C'est l'administration de la Caisse des dépôt qui, en a la garde, et sur les 600 millions ell prête 238 millions au Trésor ; avec le reste ell achète des rentes. Si donc les déposants redeman daient leur argent aux administrateurs des Caisse d'épargne, ces administrateurs iraient à la Caiss des dépôts et consignations, qui les renverrait au Trésor pour reprendre d'abord les 238 millions, et puis après, si cela ne suffisait pas, la Caisse des dépôts vendrait les rentes qu'elle a achetées quand elle a fait emploi de l'argent.

Il y aura quelque jour une grosse difficulté de ce côté là, mais c'est le propre de notre temps que de s'étourdir sur les difficultés de l'avenir.

La dette flottante a donc servi à payer les dettes des budgets.

Il ne faut pas croire qu'elle n'ait que cet usage; elle a pour objet de faire face à toutes les dépenses que la comptabilité débaptise du nom de dépenses et dont, par conséquent, nos ministres et nos députés n'ont pas à prévoir l'acquittement.

Ainsi, la France, d'accord avec l'Angleterre et la Russie, dans un jour d'humeur libérale, a aidé les Grecs à secouer le joug des Turcs, et, pour faciliter l'établissement du nouveau royaume, elle a, de concert avec les puissances, garanti aux souscripteurs le paiement des intérêts d'un emprunt. Or, le gouvernement grec n'a pas payé ; les souscripteurs se sont en conséquence retournés vers le gouvernement français qui a dû s'exécuter : cela valait 1 million de francs par an.

La comptabilité, qui a toujours l'œil ouvert pour empêcher qu'on ne grossisse le compte des dépenses, a soutenu que ce n'était point là une dépense : que c'était une avance, et une avance qui ne devait pas être mise à la charge du Budget. C'est comme un placement du Trésor. Le Trésor avait de l'argent, il a placé son argent en billets du gouvernement grec. Cela peut arriver à tout le monde. On prend le billet d'un de ses amis et on lui en compte l'argent, ce n'est pas une dépense ; on n'a plus l'argent, mais on a le billet, et si le billet vaut l'argent, il n'y a rien de perdu. Or, un billet vaut toujours l'argent qu'on a donné pour l'avoir, quand on se figure qu'il sera payé un jour ou l'autre. C'est ce que la comptabilité publique veut persuader au Trésor. Elle y avait réussi pour 29 millions et demi au 31 décembre 1868, et je ne doute pas qu'elle n'y ait réussi encore pour le million qu'on a dû payer dans le courant de cette année. Voilà encore 30 millions auxquels la dette flottante devra pourvoir.

D'après le compte général des finances, la dette flottante a à pourvoir en ce moment à 922 millions dépensés de cette façon en dehors dès budgets ; ces 922 millions comprennent, bien entendu, tous les arriérés de budget dont nous avons parlé plus haut.

On y fait face avec 162 millions de bons du Trésor, 642 millions de fonds dus en comptes courants à divers services ou établissements financiers, et 116 millions d'avances faites par les receveurs généraux et les comptables de différents ordres.

Je finirais sur ce gros chiffre si je ne voulais vous montrer jusqu'où va la puissance de la comptabilité par deux exemples, l'un pris chez nous, et l'autre chez nos voisins les Anglais.

Par un artifice de comptabilité, on a pu supprimer un jour, trois mois à prendre sur le temps; imaginer, pour ainsi dire, une année intercalaire de neuf mois à la condition de supposer que l'année de la fin du monde aura quinze mois au lieu de douze. Vous voyez que c'est une balance, et la balance, c'est le grand objet de la comptabilité, qu'importe si on retranche trois mois à l'année 1862, puisqu'on en ajoute trois à la dernière année du monde. Le soleil n'y perdra rien.

On payait autrefois les coupons de rente aux rentiers deux fois par an, le 22 mars et le 22 septembre, 1 fr. 50 c. au 22 mars et 1 fr. 50 c. au 22 septembre. Les rentiers avaient touché dans leur année les 3 francs qui leur étaient dus et ils étaient satisfaits.

Un ministre des finances eut un jour l'idée, sous prétexte d'une plus grande commodité pour les rentiers, de payer en quatre termes la rente de trois francs due par l'État. Cela faisait 75 centimes par trimestre.

Il y avait alors à payer tous les ans aux rentiers environ 175 millions de francs en coupons de 3 francs. C'était donc 41 millions et demi à leur donner à la fin de chaque trimestre. L'année se divise naturellement en quatre termes qui viennent à échéance le 31 mars, le 30 juin, le 30 septembre et le 31 décembre.

Par une inspiration admirable, le ministre a eu l'idée, au lieu de faire le paiement aux jours que nous venons d'indiquer, de le reculer au lendemain matin, c'est-à-dire au 1er avril, au 1er juillet, au 1er octobre et au 1er janvier.

C'était en 1862 ; et, en suivant les dates que nous venons d'indiquer les trois premières tombaient dans l'intérieur de l'année 1862, tandis que la dernière tombait en dehors de 1862 et dans l'année 1863.

Il n'y avait donc plus que trois trimestres payables au compte de 1862, le dernier se trouvant reporté à l'année suivante. C'était 41 millions à sortir des dépenses de 1862 et 41 millions à porter dans les dépenses de 1863. L'année 1863 ne devait pas d'ailleurs en souffrir, car si le dernier trimestre de l'année précédente était soldé en 1863, le dernier trimestre de 1863 serait soldé en 1864. Il y avait un retard général d'un trimestre pour toutes les années à venir. C'était une économie absolue de 41 millions pour la première année, sans aucune charge pour aucune année à venir, à moins que la dernière année du monde, ne s'annonçant dans un automne quelconque, on fût obligé de tout liquider avant un 1er janvier qui ne devait pas luire.

Les Anglais, qui ne sont pas forts en comptabilité, ont été tellement émerveillés de cette combinaison, qu'ils l'ont imitée cette année-ci. Il ne s'agissait pas de faire sortir d'un compte une dépense pour la reporter indéfiniment d'un exercice sur l'autre, mais de faire, au contraire, rentrer plus tôt qu'à l'ordinaire une taxe particulière pour en faire profiter la première année, celle dans laquelle on faisait le remaniement.

L'année anglaise, au point de vue des comptes, se termine au 31 mars ; elle court du 1er avril au 1er avril suivant.

Or il existe un impôt sur le revenu que les contribuables payaient en trois fois : un quart au mois d'avril, une moitié en janvier, et le dernier quart au mois de février

Au commencement de l'année anglaise du 1er avril 1869 au 1er avril 1870, les contribuables avaient déjà payé ou étaient en train de payer leur quart d'avril, et il leur restait à verser au Trésor une moitié en janvier 1870 et le solde en février de la même année.

Le Ministre des finances d'Angleterre, envieux de la gloire du Ministre français qui avait eu l'imagination de supprimer un trimestre de dépense, eut l'idée de proposer aux contribuables de retarder d'un mois le paiement de la moitié de l'impôt exigible en janvier, afin de réunir cette moitié au dernier quart échéant en février.

Mais comme il faisait gagner aux contribuables

un mois d'intérêt sur une moitié de l'impôt, il leur demandait, par contre, le paiement par avance du quart payable en avril, quart qui formait le premier à-compte de l'année suivante. La totalité de l'impôt devait donc se trouver payée en février par un retard d'un mois sur une moitié et une avance d'un mois sur un quart. Les Anglais, qui sont capitalistes, comprirent qu'un mois d'intérêt gagné sur une moitié valait plus qu'un mois d'intérêt perdu sur un quart, et ils acceptèrent. La chose fut dès lors réglée de cette façon.

Mais il en résulta cette conséquence assez extraordinaire que le premier paiement de l'exercice 1870 était devenu le dernier paiement de l'exercice 1869, et que le budget de 1869-1870 se trouvait grossi en recette d'une assez forte somme, sans augmentation dans le tarif de la taxe ancienne, ni création de taxe nouvelle.

L'année suivante n'en devait pas souffrir puisque la totalité de l'impôt serait perçu en février et ainsi de suite. C'était la contre-partie de l'opération française : un prêté pour un rendu ; ou, pour employer l'expression du proverbe anglais, c'était un Roland pour un Olivier, ce qui veut dire bonnet blanc ou blanc bonnet, parce que dans les romans tous les pages de châtelaines s'appellent indifféremment Olivier ou Roland.

Voilà ce que c'est que de savoir manier la comptabilité, on peut en faire sortir toutes les combinaisons du monde. Changez les ministres, ayez-en de sévères ou de faciles, ils vous feront toujours voir les comptes avec les couleurs que leur imagination saura leur donner. Ce seront toujours des Roland pour des Olivier, ou des Magne pour des Fould, le nom ne fait rien à l'affaire ; et après tout, si vous aimez à payer vos taxes quand même, vous pourrez applaudir quand la combinaison sera jolie. Ce qui est bien joué a toujours été bien pris des Français. Je m'arrête ici. Qu'aurais-je de plus à vous dire ?

Si j'ai eu un but, je crois l'avoir atteint : c'était de vous montrer que la comptabilité était, comme la langue ou la parole d'Ésope : ce qu'il y a de meilleur et ce qu'il y a de pire.

La comptabilité peut jeter de la lumière dans les comptes les plus obscurs, mais elle peut aussi, par ses combinaisons, troubler ce qui est naturellement le plus limpide.

C'est que la comptabilité n'est qu'une forme, une apparence, un vêtement. Le corps, le fonds, ce à quoi il faut s'attacher, c'est *l'honnêteté*. La mauvaise comptabilité ne peut rien contre ce qui est honnête, et la bonne comptabilité a bien de la peine à venir à bout de ce qui est malhonnête.

Ma conclusion est donc celle-ci : Mettez à la tête des affaires, avant tout, des gens honnêtes ; si par-dessus le marché ils sont bons comptables, tant mieux, car, après avoir bien fait vos affaires, ils vous les expliqueront clairement.

LÉON SAY.